こんにちは
你好 **1** 教師手冊

國中小學
高中職　適用的第二外語教材
社區大學

東吳大學日文系

陳淑娟教授　著

撰寫大意

一、本教材係依據教育部公布之《十二年國民基本教育課程綱要國民中學暨普通型高級中等學校語文領域—第二外國語文》撰寫而成。

二、本教材適用於國中小、或高中高職、社區大學日語課程，從入門開始的 A1–1 學生。本教材共 8 冊，每學期授課 36 小時者適用 1 冊。本書為第 1 冊，全冊包含 8 個 Unit，教師可視學習狀況靈活運用。

三、本教材以 CEFR 教學觀，亦即語言教學分級別參考標準設計，重視「學以致用」，在「活動」中學會外語的原則編寫，融合主題與溝通功能，將目標文化與台灣文化系統性結合，培養學生聽、說、讀、寫的能力。

四、本教材與傳統教材不同，不限定學習的內文。注重從學生熟悉的生活情境出發，在實際的運作中啟發學習興趣，搭配學生喜愛的插畫風格，讓學生把日語運用在生活中，教師隨機選擇，每課斟酌所需，印製內頁當圖卡或講義。

五、本教材採用螺旋式學習設計概念，提供學生複習機會的同時，每個階段逐步增加新的學習內容。

六、本教材提倡形成性評量，每課讓學生寫自我評量，教師依學生作業表現或評量結果，呈現在「學習歷程檔案」上，使學生順利銜接下一個學習階段。

七、本教材分為「聲音檔」、「課本」、「教師手冊」、「練習冊」與「圖片檔」5 個部分，學生擁有「聲音檔」與「練習冊」、「課本」3 個部分。

八、每個 Unit 由 6 至 7 頁組成，皆明示「學習目標」，與「對應二外課綱」，透過「聞いてみよう」、「語句と表現」、「やってみよう」、「遊んでみよう」、「書いてみよう」與「ポートフォリオにいれよう」等學習步驟，達成學習目標。

九、「學習目標」揭示該 Unit 的「Can - do」，明示學生透過本課學會的能力，並讓學生在「ポートフォリオにいれよう」自我評量確認達成度，「對應二外課綱」則清楚表示本 Unit 與課綱的「核心素養」、「學習表現」、「學習內容」的對應項目。請參照《十二年國民基本教育課程綱要國民中學暨普通型高級中等學校語文領域—第二外國語文》。

十、「聞いてみよう」是讓學生先聽聲音，選擇正確的圖，本教材主張「先聽後學」，聽聽看本課自然的說話聲音，熟悉一下「音」，再進入主題學習，因此這部分非本文，是暖身活動，請教師讓同學推測到底說些甚麼；「語句と表現」為該課的新字詞或句型；「やってみよう」是任務型學習活動，讓學生透過活動使用語言；「遊んでみよう」是遊戲、競賽型的活動，提高學習樂趣，教師可選擇要教的對話內容，影印給學生。

十一、練習冊裡的「書いてみよう」是練習書寫，請同學邊寫邊唸，學習認識 50 音，請教師執行批閱並訂正，進行了 2 ～ 3 課之後教師可測驗聽寫，教師唸字詞讓同學寫出，讓學生較快速記住 50 音；「ポートフォリオにいれよう」則是蒐集學生的學習成果，例如 Can－do 自我評量表、學生作的卡片、以日文寫的小品、小考試等皆可收錄在「學習歷程檔案」裡。

十二、「聞きいてみよう」、「やってみよう」、「遊んでみよう」內的日語會話內容皆呈現在教師手冊裡，請教師彈性選擇會話句，必要時可影印給學生，或做成卡片各組一份使用。活動的目的是讓學生在實際使用中，自然學會，提醒教師上課前務必沙盤推演，備妥教具，確認活動步驟，依人數分組設計，以利課堂中靈活運作，透過各種互動的活動，學會使用日語。

十三、本教材主張自然對話，請教師控制單字、句型或文法講解時間，每堂課確實讓每位學生達到使用大量日語的目標。

給老師們的話

敬愛的日語老師們：

　　首先，感謝您選擇使用本書！作者參與《十二年國民基本教育課程綱要國民中學暨普通型高級中等學校語文領域—第二外國語文》研修經驗，瞭解台灣市面上缺少具「實作性」、「銜接性」、「社會性」、「效能性」並適合義務教育的日語教科書，因而啟動撰寫本系列「こんにちは 你好」①～⑧冊的教材。本系列涵蓋 CEFR（歐洲共同語文參考架構）基礎級 A1 ～ A2，亦即第二外語新課綱的 Level-1、Level-2、Level-3、Level-4 的 4 級別，而本書正是適合 Level-1（上下兩學期共 72 小時）中的上冊（即入門的第一學期 36 小時），也是本系列 8 冊中的第 1 冊。

　　新課綱的核心素養是「自發」、「互動」、「共好」，此為 21 世紀青少年必須具備的能力與態度。本教材根據此教育理念，設計各式各樣的日語學習情境、遊戲活動，期待透過教師的指示引導，讓學生在與同儕合作互動中，學會人際溝通的日語能力，此即為本系列教材的基本信念。本書適用於國中小、高中職、大學的第二外語與其他的社區大學等日語課程。

　　一般傳統的日語教學偏重「認識語言」，教師的責任就是「教一本書」，清楚講解課本內的字詞、句型、文法原則，帶著同學不斷地練習再練習，但是這種教學法，鮮少能培養口說溝通能力。而本教材注重學生「使用語言」，教師的責任就是設計實作的溝通互動活動，讓每位學生透過使用日語，學會日語，同時積極為學生尋找使用日語

的機會，亦為教師的重要工作，例如爭取國際交流，創造使用日語環境，讓學生有舞台當真正的「語言使用者」，不斷自我成長。

　　本教材特色之一是貫徹「學習成果導向」理念，讓學生「自主學習」。請教師備課時確認每一課、每一個活動的「學習目標」，同時也讓同學們熟知本課的目標，而活動即為了達成該目標而展開。每學完一課，學生達到該目標與否，以「自我評量」模式讓學生自行申告，亦即為自己打分數，每項以 1 ～ 5 顆星（5 顆星為滿分）呈現。而這個成績就是「學習歷程檔案（ポートフォリオ）」中的一頁，學生若未能達標，隨時可以自我補強，或找同學互動練習，至自己滿意再填寫「自我評量」，讓學生培養「自我管理」、「自主學習」的習慣。

　　本書對聽、說、讀、寫 4 技能的習得順序，採「自然習得」的信念，即以「聽」某情境下的聲音為優先，「說」次之，因此「聞<ruby>聞<rt>き</rt></ruby>いてみよう」內容雖還沒學過，但同學知道本課主題，先試著聽聽看，猜猜看說些什麼？同時課堂中請教師盡量使用日語引導，反覆使用學生聽得懂的「教室用語」，且每課可稍累加。教師引導學了「語句と表<ruby>語句と表<rt>ご く ひょう</rt></ruby>現<ruby>現<rt>げん</rt></ruby>」之後，再進行「說」的各種活動。至於單字、句型與文法的解說，視學生表達的需求而指導。文字的識讀與書寫在《練習冊》中應能充分練習，請老師批閱「書<ruby>書<rt>か</rt></ruby>いてみよう」，並給予正面回饋。偶爾進行單字的聽寫測驗，可加速辨識字母，增強書寫能力。

本書能撰寫完成，端賴東吳大學碩博士班專攻「日語教學」，修讀筆者課程的學生們，周欣佳、廖育卿、黃馨瑤、内田さくら、芝田沙代子、彦坂はるの（敬稱略）的貢獻功不可沒。她們協助設計適合中等教育階段學生的教室活動，也親自在自己任教的日語班級實驗，確認其可行性與有效性，才有今日能呈現給各位的風貌，對她們的教學熱忱在此致上最深的謝意。同時，也期待今後能與使用本教材的教師們相互切磋，敬請隨時不吝賜予指教，我們需要使用本書的回饋意見，以利未來修正。相信您我的努力，可為提升台灣新世代的日語教育，共盡棉薄之力！

陳淑娟 敬言

2018.07.23.

如何使用本書

　　《こんにちは 你好 ①》包含「課本」（附 CD）、「練習冊」、「教師手冊」共 3 冊成一套，請學生使用「課本」（附 CD）跟「練習冊」。每課的結構由「聞<ruby>き</ruby>いてみよう」、「語句<ruby>ごく</ruby>と表現<ruby>ひょうげん</ruby>」、「やってみよう」、「遊<ruby>あそ</ruby>んでみよう」、「書<ruby>か</ruby>いてみよう」、「ポートフォリオにいれよう」6 大部分組成，以下說明本書教學活動的順序。

Step 1

準備：

　　請教師熟讀該課的主題、學習目標，並確定教室活動流程，準備教具，CD 播放，或提供另外需要印製的教具。

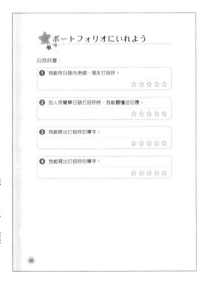

Step 2

暖身活動：

　　教師說明本課主題，詢問學生相關經驗，討論什麼情境用得上？與學生共同確認「學習目標」，提醒學生學完這一課時將填「自我評量」，並確認要達成的目標項目有哪些？

Step 3

聽聽看：

　　讓學生看圖討論課本情境圖的內容，播放 CD「聞いてみよう」讓學生聆聽，推測說話內容。「聞いてみよう」並非課本的會話文，目的是訓練學生從情境插圖及語音中推測聽取意義，學生聽懂即可，不需要跟讀。這是「理解語言」（聽懂即可），非「使用語言」（說得出口），讓學生習慣沉浸在日語聲音中，教師經常使用學生聽得懂的「教室用語」指示，也能促進學習的效果。

Step 4

唸唸看：

　　教師說明本課的「語句と表現」，利用圖卡、板書或 PPT 反覆讓學生辨認讀出假名。教師解說句型，而本課必要的文法說明，以板書或 PPT 讓學生代換練習等。由教師帶動全班朗讀，再播放 CD 的「語句と表現」，請同學跟讀數次，或 2 人一組互相進行練習。

Step 5

做做看：

　　利用課本中的「やってみよう」、情境圖，帶動全班使用日語。例如打招呼，教師指定「早上在公園」的情境，在一定時間內，讓學生模擬圖中人物，站起來走動，互相打招呼，鼓勵學生與多人互動。自我介紹時亦同，全班在互動中完成活動。

Step 6

玩遊戲：

　　「遊んでみよう」是遊戲競賽型或表演型活動，學生在帶點緊張刺激感的活動之中，自然使用日語。因此事前讓學生先熟練該怎麼說、怎麼回應，再進行遊戲。例如「傳球高手」或「傳球自我介紹」的遊戲，傳球的學生得注視著對方傳準，並說話，接到球的學生得回應後再傳出，當每個學生的動作與語言都順暢無礙時，便可推測學生能夠自然運用語言了。

Step 7

總結活動：

　　該課的總複習，確認同學熟悉該課學習重點的活動，「ポートフォリオにいれよう」中的「連連看」當本課的總結，教師也可以自由設計，例如派同學代表上台發表成果，或選擇今天的活動之一當總結。

Step 8

寫寫看：

　　「書いてみよう」是回家作業，讓學生拿出《練習冊》把當天學的單字與表達法一一書寫並記誦，邊寫邊唸。Unit 1 的平假名與 Unit 4 的片假名請不要急著要學生背，平假名以學完本書慢慢可以熟記為目標，讓學生從書寫有意義的詞彙循序漸進記住為佳。或每上完一課，隔週小測驗聽寫 5 個單詞，也可以讓學生 2 人 1 組，1 位出題唸誦單字，1 位聽寫，之後交換。目的是讓同學辨識字母，寫出字母。但請教師不要測驗 Unit 1 的 50 音，試著換方法指導，讓學生從使用單字的反覆書寫與讀誦中，自然辨識 50 音。請老師批閱作業，給予正面回饋。教師視學生的學習狀況，要求在家聽 CD 跟讀 3 遍。

Step 9

學習歷程檔案：

　　「ポートフォリオにいれよう」即為學習歷程檔案，功能並非用來提出學習成果而已，最大的意義是讓學生學會「自我管理」，知道離「學習目標」還有多遠。同時自我補強，練習到自己滿意為止，再填滿 5 顆星。因應 12 年國教新課綱的實施，本書設計的「學習歷程檔案」為簡易紙本，未來教師應善用教育部國教署「個人學習歷程檔案」機制，蒐集學生的日語學習成果，內容包含「自我評量」、「同儕評量」、「學習護照（例如國際交流活動的紀錄等）」、「學習單」、「壁報作品」、「卡片」、「成果展」、「口頭發表的影音檔」等，以上資料有助於學生日後升學時提交，順利銜接下階段的日語學習。

目次

1. 學習單：Unit 6 「やってみよう」

　　活動三：「買東西」

2. 學習單：Unit 7 「やってみよう」

　　活動二：「完成電視節目表」

Unit 1 カナと発音

「學習目標」

1. 能聽辨字母。
2. 能聽懂教室用語。

「對應二外課綱」

核心素養：

外 -J-A1 具備認真專注的特質及良好的學習習慣，嘗試運用基本的
學習策略，精進個人第二外國語文能力。

學習表現：

1- IV -1 能聽辨字母。

1- IV -3 能聽懂教室用語。

2- IV -1 聽字母發音能模仿發音。

學習內容：

Aa- IV -1 平假名的辨識與書寫。

Ab- IV -1 假名與發音的對應關係，看字讀音。

Ba- IV -4 教室用語。

「聞いてみよう」

① 授業が始まるときのあいさつ

学級委員：起立、礼。

生徒：おはようございます。

先生：おはようございます。

学級委員：着席。

② 教室用語

1. 本を開けてください。

2. 本を見てください。

3. 聞いてください。

4. 言ってください。

5. 読んでください。

③ 聽50音

「語句と表現」

起立、礼。

着席。

おはようございます。

開けてください。

見てください。

聞いてください。
言ってください。
読んでください。
朝・昼・夜・犬・猫・鳥

「やってみよう」

活動一：「排排看日語的發音」

1. 請學生剪下課本附錄圖卡 11「英文字母卡」。
2. 聽聲音並把英文字母卡按 50 音的羅馬拼音排好。
   例如老師說「か」（ka），學生拿出「K」、「A」排好。

活動二：「排排看日語 50 音」

1. 請學生剪下課本附錄圖卡 1 ～ 10。
2. 聽聲音並排出 50 音的日文字母卡。
   例如老師說「あさ」，學生拿出「あ」、「さ」排好。

「遊んでみよう」

活動一：「賓果」

1. 請在格子內任意寫出 16 個字母。
2. 聽老師唸出的字母圈選，看誰先賓果。

「書いてみよう」

在練習冊上練習平假名 50 音的寫法。

「ポートフォリオにいれよう」

連連看

聞_きいてください。

読_よんでください。

おはようございます。

起立_{きりつ}、礼_{れい}。

着席_{ちゃくせき}。

自我評量

1. 我能聽辨字母。

2. 我能聽懂教室用語。

Unit 2 あいさつ

「學習目標」

1. 在各種情境中能說出並回應適當的招呼語。
2. 能用簡單的招呼語向老師和同學打招呼。
3. 樂於參與各種課堂練習。

「對應二外課綱」

核心素養：

外 -J-A1 具備認真專注的特質及良好的學習習慣，嘗試運用基本的
　　　　 學習策略，精進個人第二外國語文能力。

外 -J-B1 具備入門的聽、說、讀、寫第二外國語文能力。在引導下，
　　　　 能運用所學字母、詞彙及句型進行簡易日常溝通。

學習表現：

1- Ⅳ -4 能聽懂簡易招呼語。

2- Ⅳ -4 能用簡單的招呼語向老師、同學打招呼。

4- Ⅳ -1 能熟悉字母的寫法。

4- Ⅳ -2 能正確模仿寫出詞彙。

6- Ⅳ -2 樂於參與各種課堂練習。

學習內容：

Ad- Ⅳ -1 簡易常用的句型結構。

Ba- Ⅳ -1 問候。

Ba- Ⅳ -2 致謝。

Ba- Ⅳ -3 道別。

「聞いてみよう」

① 朝、リビングで　A：子ども　B：母

　　A：お母さん、おはよう。

　　B：おはよう。

② 先生と生徒が校門で会う　A：生徒　B：校長先生

　　A：先生、おはようございます。

　　B：おはよう。

③ 家にお客さんが来た　A：お客さん　B：子ども

　　A：さくらちゃん、こんにちは。

　　B：こんにちは。

④ 夜、帰り道で　A：近所の人　B：子ども

　　A：よしこちゃん、こんばんは。

　　B：田中さん、こんばんは。

「語句と表現」

こんにちは。

おはよう。

こんばんは。

ありがとう。

すみません。

さようなら。

はい。

いいえ。

感謝<ruby>かんしゃ</ruby>・あやまり・別<ruby>わか</ruby>れ

「やってみよう」

活動一：「說出符合當下情況的招呼語」

教具：課本附錄的學習單。

1. 用學習單或 PPT 呈現對話打招呼的場景，可以是照片或插圖。

2. 老師提示一個情境「朝<ruby>あさ</ruby>」、「昼<ruby>ひる</ruby>」、「夜<ruby>よる</ruby>」、「感謝<ruby>かんしゃ</ruby>」、「あやまり」或「別<ruby>わか</ruby>れ」，在一定的時間內，讓學生站起來走動，互相練習口頭打招呼。

3. 規定每一個情境，要找 3 位同學互相練習打招呼語，並於對方課本上的學習單簽名。

「遊<ruby>あそ</ruby>んでみよう」

活動一：「這時候如何打招呼？」

教具：不同情境的圖卡 6 張。

1. 每 4 人為一組。

2. 一人掀開圖卡，其他 3 人說出該圖卡所呈現場景、情境的招呼語。

3. 由第二個人掀開下一張圖卡，由其他 3 個人回答該圖卡場景、情境的招呼語。

4. 以此類推，4 人皆輪流當掀卡人。

活動二：「傳球高手」

教具：球或布娃娃。

1. 全班分成小組，約每 6 到 10 人為一組，各組圍成一圈。

2. 一人拿著球，向組內其中一位同學說一句招呼語，並將球傳給他。接到球的人面向傳球者，也回答相同的招呼語。例：

　A：おはようございます、B さん。

　B：おはようございます、A さん。

3. 手上拿球的人，再向下一個同學說另一句招呼語。例：

　B：こんにちは、C さん。

　C：こんにちは、B さん。

4. 以此類推，進行各個招呼語的練習。（約 3 ～ 4 句）

貼心小叮嚀：

對象不重複，直到每個學生都輪過，傳球時看著對方，並稱呼名字加「さん」。

「ポートフォリオにいれよう」

連連看

先寫出 CD 內容 1、2、3 順序，再試著連接適當的圖片。

こんにちは。

ありがとう。

さようなら。

おはよう。

すみません。

こんばんは。

自我評量

1. 我能用日語向老師、朋友打招呼。

2. 我能聽懂他人用簡單日語打招呼，並回應。

3. 我能唸出打招呼的單字。

4. 我能寫出打招呼的單字。

Unit 3　自己紹介
じ こ しょうかい

「學習目標」

1. 能用日語簡單自我介紹。
2. 能說出自己的姓名，並詢問他人姓名。
3. 樂於參與各種課堂練習。

「對應二外課綱」

核心素養：

外 -J-A1 具備認真專注的特質及良好的學習習慣，嘗試運用基本的
　　　　學習策略，精進個人第二外國語文能力。

外 -J-B1 具備入門的聽、說、讀、寫第二外國語文能力。在引導下，
　　　　能運用所學字母、詞彙及句型進行簡易日常溝通。

學習表現：

2- Ⅳ -6 能簡單自我介紹。

5- Ⅳ -3 能說出自己的姓名並詢問他人姓名。

4- Ⅳ -2 能正確模仿寫出詞彙。

4- Ⅳ -3 能拼寫出自己名字。

6- Ⅳ -1 能專注聽取老師的說明與演示。

6- Ⅳ -2 樂於參與各種課堂練習。

學習內容：

Ad- Ⅳ -1 簡易常用的句型結構。

Bb- Ⅳ -1 自我介紹。

「聞いてみよう」

① クラスで転校生があいさつをする

A：転校生　B：クラスメートたち

A：鈴木さくらです。さくらと呼んでください。どうぞよろしくお願いします。

B：（拍手）

② クラスメートの林さんが鈴木さんに話しかける

A：林（台湾人）B：鈴木

A：はじめまして、林です。よろしくね。

B：林さん、はじめまして。こちらこそよろしくね。

③ 交流会で　A：台湾人　B：日本人

A：はじめまして、陳です。あのー、お名前は。

B：佐藤です。

A：佐藤さんですね。どうぞよろしくお願いします。

B：どうぞよろしくお願いします。

④ 交流会で名前が聞き取れない場合　A：台湾人　B：日本人

A：黄です。はじめまして。

B：田中です。どうぞよろしく。

A：あのー、すみません。もう一度、お願いします。

B：た・な・かです。

A：田中さんですね。どうぞよろしくお願いします。

「語句と表現」

陳です。

どうぞよろしく。

お願いします。

初めまして。

さくらと呼んでください。

あのー。

お名前は。

「やってみよう」

活動一：「用日文名字自我介紹」

1. 老師呈現男女代表性的 20 個日本名字。

2. 老師帶領學生練習每個名字的發音。指導的順序，請老師以板書或 PPT 寫出一個個假名來，先問同學怎麼唸，接著老師再帶唸，讓同學辨識平假名。

3. 學生選擇其中一個自己喜歡的名字，替自己取日本名字。不想取日本名字者，請直接使用中文發音，或採學生名字的日語音讀、訓讀發音。

4. 學生以各自的日本名字，向 3 位同學打招呼，並進行自我介紹。

活動二：「交換名片」

教具：紙（大小約 A4 紙的 1/8）、筆。

1. 在紙上寫上自己的名字或綽號（用中文名字或日文名字皆可），每 1 人 8 張（視班級人數調整）。

2. 模擬初次見面的朋友互相自我介紹。指導自我介紹時，老師先示範肢體語言禮節，名片正面須朝向著對方，點頭鞠躬。（無名片的自我介紹亦然）

3. 在一定的時間內互相交換名片。

4. 交換到最多名片者，給予獎勵。

貼心小叮嚀：

有時間可進行進階活動，如「追星遊戲」。每個學生可以設定自己是某位偶像明星、動漫人物，名字寫法則由老師協助提示名字寫法後，學生製作簽名卡。學生任意找同學猜拳，相互自我介紹之後，贏的人可以拿到簽名卡，並在一定的時間內比賽誰拿到的簽名最多。

「遊んでみよう」

活動一：「傳球自我介紹」

教具：球或布娃娃。

1. 此活動宜在指導「語句と表現」學會自我介紹句型後，立即進行。將全班分成小組，約每 6 到 10 人一小組，圍成一圈。

2. 一人拿著球，向組內其中一位同學自我介紹，並把球傳給另一位同學。接到球的人面向傳球者，也回以自我介紹。例：

   A：A です。どうぞよろしく。

   B：B です。どうぞよろしく。

3. 手上拿球的人，再傳給一位同學自我介紹。接到球的人面向傳球者，也回以自我介紹。例：

   B：B です。どうぞよろしく。

   C：C です。どうぞよろしく。

4. 以此類推，進行自我介紹。提醒同學說話時要注視對方。

貼心小叮嚀：

1. 傳球對象不可重複，直到每位同學都輪過，或傳過兩輪。

2. 有時間可進行進階活動，如 B 接到球以後，複誦一次「A さんで
   すね。」，再介紹自己「B です。どうぞよろしく。」，說錯就
   重來。讓同學之間增加互動，並習慣稱呼日文姓名。

「ポートフォリオにいれよう」

自我評量

1. 我能用日語簡單自我介紹。

2. 我能說出自己的名字，並詢問他人名字。

3. 我能積極參與各種學習活動。

4. 我能用日文寫出自己的名字。

食べ物 (た もの)

「學習目標」

1. 能說出自己喜歡吃的食物。
2. 能詢問別人喜歡的食物。
3. 樂於參與各種課堂練習。

「對應二外課綱」

核心素養：

外 -J-A1 具備認真專注的特質及良好的學習習慣，嘗試運用基本的學習策略，精進個人第二外國語文能力。

外 -J-B1 具備入門的聽、說、讀、寫第二外國語文能力。在引導下，能運用所學字母、詞彙及句型進行簡易日常溝通。

學習表現：

3- Ⅳ -1 能聽辨字母發音與字形。

4- Ⅳ -2 能正確模仿寫出詞彙。

6- Ⅳ -1 能專注聽取老師的說明與演示。

6- Ⅳ -2 樂於參與各種課堂練習。

學習內容：

Aa- Ⅳ -1 片假名的辨識與書寫。

Ab- Ⅳ -1 假名與發音的對應關係，看字讀音。

Ad- Ⅳ -1 簡易常用的句型結構。

Bf- Ⅳ -3 飲食偏好。

「聞いてみよう」

① CD を聞いて正しいイラストを選ぶ

老師提醒學生仔細聽日語，並按順序選擇正確圖片。

ラーメンが好きです。寿司が好きです。コーラが好きです。ミルクティーが好きです。野菜が好きじゃないです。肉が好きじゃないです。

② 教室でAがBにチョコレートをあげる

A：台湾人　B：日本人

A：中村さん、チョコ好き？

B：うん、好き。

A：じゃあ、どうぞ。

B：ありがとう。

③ 交流会のドリンクコーナーの前で　A：日本人　B：台湾人

A：ねぇねぇ、何が好き？

B：抹茶。

A：私も抹茶が大好き。

B：おいしいよね。

④ 交流会の食べ物コーナーの前で　A：日本人　B：台湾人

A：あ、ポテトだー。俺、ポテト好き。

B：俺も。

A：うめーよ。

「語句と表現」

ラーメンが好きです。

すしが大好きです。

かつ丼が好きじゃないです。

まあまあ。

ラーメン・ハンバーガー・サンドイッチ・アイスクリーム・
チョコレート・コーラ・ミルクティー・カレー・パン・ポテト・
すし・かつ丼・うどん・そば・抹茶・りんご・野菜・肉

「やってみよう」

活動一：「我喜歡的食物」

教具：16 張食物圖片（正面圖、背面名稱）。

1. 老師先對各種食物做背景介紹。（人氣店、哪裡的名產……。）

2. 請同學在喜歡的食物上畫一個圈「〇」

3. 與隔壁同學用「～が好きです」，互相介紹自己喜歡的食物。

4. 再從喜歡的食物當中，選出 1、2 個更喜歡的食物，並在食物上
   畫兩層圓圈「◎」。

5. 最後，老師分別指著圖問：「～が好きな人、手を挙げてくださ
   い。」，並統計人數，選出最有人氣的食物。

活動二：「家人喜愛的食物」

教具：利用課本內的學習單。

1. 將家人最喜歡吃的食物，分別寫在學習單上。

   （例如：爸爸 - ラーメン，媽媽 - すし，弟弟 - りんご等。）

3. 同組內討論分享填寫內容，比較家人喜好是否相同。最後，老師詢問全班，統整出例如：填寫喜歡麵食類的爸爸和喜歡米飯類的爸爸各有幾位。

4. 家人的稱謂並非本課重點，教師斟酌是否要教，主要是讓學生寫出家人喜愛的食物，互相分享，教師協助同學翻譯家人喜愛的食物。

5. 若教師指導家人稱謂，最後請每位同學練習朗讀自己完成的所有句子，例如「父はりんごが好きです。」，最後抽點同學站起來朗誦一句，之後老師問全班：「〜さんのお父さんは何が好きですか。」，讓同學們一同回答。

活動三：「調查班上同學喜歡的食物與老師一不一樣」

教具：課本附錄的學習單。

1. 老師與學生先決定一項自己最喜歡的食物。

2. 將全班分成小組，約 4 ～ 6 人一組。組內決定一位組長，由組長分別問組員的食物喜好，找出本組<u>共同最喜歡的食物</u>。

　　例：（A：組長　B、C：組員）

　　A：B さん、何が好きですか。

　　B：<u>サンドイッチ</u>が好きです。

　　A：C さん、何が好きですか。

　　C：<u>抹茶</u>が好きです。

3. 各組完成調查後，由一位同學發號施令，一起詢問老師最喜歡什麼。

　　全員：先生、何が好きですか。

4. 對照老師和自己組別的答案，看是否有<u>共同最喜歡的食物</u>。

貼心小叮嚀：

有時間可進行進階活動，如決定兩項自己最喜歡的食物，回答組長「～と～が好きです。」，最後一樣全班一起問老師，「先生、何が好きですか。」，對照自己組別是否答案一樣。

「遊んでみよう」

活動一：「猜猜看我最喜歡的是什麼？」

教具：空白紙卡（大小約 A4 紙的 1/8、學生人數份）、籤筒。

1. 老師發下紙張，每人用「～が好きです。」的句型，寫上自己最喜歡的食物跟自己的名字。收回紙張，將紙張對折做成籤，放入籤筒。

2. 全班分成幾個小組（4 ～ 5 人一組）。

3. 活動前老師先說明規則如下：

　① 每組每次只能推派一個代表，讓小組代表坐在最前面，回答完後必須移動到最後面的位子，第二位成員移動到最前面，讓每位小組成員都有機會作答。

　② 每位排頭代表針對老師的問題只能回答一次，無論答對與否皆須移動到最後一個位置。

　③ 於規定時間內（例：10 分鐘之內）答對最多題的小組為勝利組。

貼心小叮嚀：

進行方式如下：

1. 老師先從剛回收的籤中抽出 1 張紙條，並宣布名字，問：「～さん、何が好きですか」，若有人答對，以「ピンポン」表示正確；或以「ブーブー」表示錯誤。若答對，該組得分。若無人答出，教師提示那張紙上寫的食物之<u>一個</u>特徵。如：「甜、

鹹、酸、苦、辣、麻」、「冷、熱」、「冰、涼」、「正餐、點
心」、「固體、液體」、「有無特殊味道」……等等。使用中文
進行問答。

2. 若無人猜出，老師再進行第二次提示，再接受搶答。若有人答
   對，該組得分，再選一張紙出題。

活動二：「大風吹」

1. 準備數張椅子（數量比總人數少 1 張）。學生分別在紙卡上寫出
   最喜歡的食物名稱（例：カレー、ラーメン、ハンバーガー），
   並拿在手上。

2. 將椅子圍成一圈，選一個同學站在圈圈中間當鬼，其餘學生坐在
   椅子上。

3. 大家一起問「何が好きですか」，當鬼的學生說「～が好きで
   す」。當鬼說出的食物與自己拿的紙張上食物相同時，學生就要
   站起來找別的位子坐下，這時當鬼的學生也一起搶座位坐，不能
   坐左右兩旁的位子。

4. 換沒搶到座位的學生當鬼。

5. 以此類推，重複問答與搶座位的步驟。

「ポートフォリオにいれよう」

自我評量

1. 我能說出自己喜歡的食物。
2. 我能詢問他人喜歡的食物。
3. 我能積極參與各種學習活動。
4. 我能唸出課本上「語句」中的單字。
5. 我能寫出課本上「語句」中的單字。

Unit 5

しゅみ
趣味

「學習目標」

1. 能詢問對方喜歡什麼活動或物品。
2. 能以簡單的日語回答喜歡的活動或物品。
3. 樂於參與各種課堂練習。

「對應二外課綱」

核心素養：

外 -J-A1 具備認真專注的特質及良好的學習習慣，嘗試運用基本的
學習策略，精進個人第二外國語文能力。

外 -J-B1 具備入門的聽、說、讀、寫第二外國語文能力。在引導下，
能運用所學字母、詞彙及句型進行簡易日常溝通。

外 -J-C2 積極參與課內及課外第二外國語文團體活動學習，培養團
隊合作精神。

學習表現：

3- IV -1 能聽辨字母發音與字形。

3- IV -2 能辨識課堂中習得的詞彙。

6- IV -1 能專注聽取老師的說明與演示。

6- IV -2 樂於參與各種課堂練習。

8- IV -1 能將所學字詞做簡易歸類。

手冊

學習內容：

Bb- Ⅳ -1 自我介紹。

Bi- Ⅴ -1 興趣及嗜好。

「聞^きいてみよう」

① CD を聞^きいて正^{ただ}しいイラストを選^{えら}ぶ

　老師提醒學生仔細聽日語，並按順序選擇正確圖片。

　　ダンスが好^すきです。映画^{えいが}が好^すきです。アニメが好^すきです。水泳^{すいえい}が好^すきです。バスケが好^すきです。カラオケが好^すきじゃないです。

② 自己紹介^{じこしょうかい}

　　こんにちは、林^{りん}です。私^{わたし}の趣味^{しゅみ}は映画^{えいが}とスポーツです。映画^{えいが}はジブリの映画^{えいが}が好^すきです。スポーツはサッカーが好^すきです。日本語^{にほんご}も好^すきです。どうぞよろしくお願^{ねが}いします。

③ 交流会^{こうりゅうかい}でゲームについて話^{はな}す　A：日本人^{にほんじん}　B：台湾人^{たいわんじん}

　A：日本^{にほん}のゲーム好^すき？

　B：好^すき、好^すき。忍者^{にんじゃ}のゲームが好^すき。

　A：へぇー。僕^{ぼく}は三国志^{さんごくし}のゲームが好^すきだよ。

　B：忍者^{にんじゃ}のほうがおもしろいよ。

④ 交流会^{こうりゅうかい}でアニメについて話^{はな}す　A：台湾人^{たいわんじん}　B：日本人^{にほんじん}

　A：さくらちゃん、アニメ好^すき？

　B：うん、好^すき。水樹^{みずき}みみ（声優^{せいゆう}）の声^{こえ}が好^すき。

　A：本当^{ほんとう}？私^{わたし}も好^すき。

「語句と表現」

アニメ・マンガ・ゲーム・インターネット・ダンス・ドラマ・
カラオケ・バスケ・イラスト・映画（えいが）・歌（うた）・本（ほん）・野球（やきゅう）・水泳（すいえい）・
遊（あそ）ぶこと

「やってみよう」

活動一：「找尋夥伴」

教具：學習單。

1. 每人發一張白紙。

2. 白紙上用日文寫 3 種興趣／喜歡的食物。

3. 練習會話的內容。

4. 找同學互相詢問有興趣或喜歡的食物，和自己相同時，在學習單
   上寫下對方的姓名。找到 3 個和自己相同的人，活動才算結束。

   例：

   A：何（なに）が好（す）きですか。

   B：音楽（おんがく）が好（す）きです。

   A：そうですか。私（わたし）も好（す）きです。

   如果 B 與 A 興趣相同，A 在紙上寫上 B 的名字。由 B 繼續發問。

   B：Aさんは何（なに）が好（す）きですか。

   A：マンガが好（す）きです。

   B：アニメが好きですか。

   A：いいえ。アニメはちょっと……。

   A 回答跟 B 相同時，則 B 在紙上寫上 A 的名字。

   以此類推，連續找到 3 人相同，活動才算結束。

「遊んでみよう」

あそ

活動一：「賓果訪查」

教具：使用課本內的賓果九宮格。

1. 在九宮格內寫上 9 個休閒活動名稱，包含自己喜歡的休閒活動。
2. 找一個同學問：「何が好きですか。」若賓果格內有同學的答案，就寫上對方的名字。若無，則不寫上。
3. 再由對方發問：「何が好きですか。」回答後，對方一樣根據答案在格內填上先發問的同學的名字。
4. 繼續尋找下一個同學互相詢問。
5. 看全班哪位同學先賓果，老師給予適當表揚。

貼心小叮嚀：

賓果可一條線或多條線，由老師斟酌情況決定。

活動二：「傳聲筒」

教具：興趣活動的名稱卡。

1. 全班每 6 到 10 人為一組，各組排成一列，每人朝向後方。
2. 每排最前面的人為組長，組長至老師處集合。老師給予組長不同興趣活動的名稱，例如「私は～が好きです。」後，小組長回到組內。
3. 老師喊「開始」後，各組的第二個人向第一個人問「何が好きですか。」第一個人回答老師給的答案。
4. 接著第三個人問第二個人「何が好きですか。」第二個人同樣回答老師給的答案。進行相同的問與答，直到傳給最後一個人。
5. 收到答案的最後一個人，到老師處。老師問：「何が好きですか。」時，同學回應該組的答案，若與最初設定的答案相同即完成任務。

6. 依照完成順序決定輸贏。

「ポートフォリオにいれよう」

自我評量

1. 我能詢問對方喜歡什麼活動、物品。

2. 我能以簡單的日語回答喜歡的活動、物品。

3. 我能積極參與各種學習活動。

4. 我能唸出課本上「語句」中的單字。

5. 我能寫出課本上「語句」中的單字。

Unit 6 いくらですか

「學習目標」

1. 能說出正確的數字。
2. 買東西時能詢問價錢，與說出價錢。
3. 樂於參與各種課堂練習。

「對應二外課綱」

核心素養：

外 -J-A1 具備認真專注的特質及良好的學習習慣，嘗試運用基本的學習策略，精進個人第二外國語文能力。

外 -J-B1 具備入門的聽、說、讀、寫第二外國語文能力。在引導下，能運用所學字母、詞彙及句型進行簡易日常溝通。

外 -J-C2 積極參與課內及課外第二外國語文團體活動學習，培養團隊合作精神。

學習表現：

2- Ⅳ -5 能說出簡單的數字。

3- Ⅳ -4 能看懂簡單的標示語。

6- Ⅳ -1 能專注聽取老師的說明與演示。

6- Ⅳ -2 樂於參與各種課堂練習。

8- Ⅳ -1 能將所學字詞做簡易歸類。

學習內容：

Ad-Ⅳ-1 簡易常用的句型結構。

Af-Ⅳ-1 圖畫標示。

Bc-Ⅳ-5 數字運用。

Bg-Ⅳ-1 網購。

Bg-Ⅳ-3 錢幣。

Bg-Ⅳ-4 商品。

Bg-Ⅳ-5 商店。

「聞<ruby>き</ruby>いてみよう」

① CDを聞<ruby>き</ruby>いて正<ruby>ただ</ruby>しいイラストを選<ruby>えら</ruby>ぶ

老師提醒學生仔細聽日語，並按順序選擇正確圖片。

かわいい。　高<ruby>たか</ruby>い。　わーい！　安<ruby>やす</ruby>い。　まあまあ。
かっこいい。

② 売店<ruby>ばいてん</ruby>で　A：客<ruby>きゃく</ruby>　B：店員<ruby>てんいん</ruby>

A：すみません。これ、ください。

B：これですか。

A：いくらですか。

B：200円<ruby>にひゃくえん</ruby>です。

A：じゃあ。お願<ruby>ねが</ruby>いします。（お金<ruby>かね</ruby>を払<ruby>はら</ruby>う）

B：ありがとうございました。

③ 台湾の映画館のチケット売り場で　A：台湾人　B：日本人

A：田中さん、これ、チケットです。

B：いくらですか。

A：200元ですよ。

B：200元！安い！

A：日本はいくらですか。

B：1300円です。

④ 朝ご飯屋の前で　A：日本人　B：台湾人

A：張さん、あれ何？

B：ハンバーガーですよ。

A：いくらですか。

B：50元です。

A：おいしそう。食べたいなあ。

「語句と表現」

これはいくらですか。

数字・1・2・3・4/4/4/・5・6・7/7・8・9/9・10・100・1000・10000・円・元・無料・パイナップルケーキ・高い・安い・かわいい・かっこいい

「やってみよう」

活動一：「介紹台灣的商品」

1. 用實物、圖畫或照片呈現，向大家介紹台灣的商品。（例：小吃、飲料）

2. 說明商品名稱、價格。例：

私は<u>パイナップルケーキ</u>が好きです。台湾元で<u>４０</u>元です。
日本円で<u>１５０</u>円です。

活動二：「請問多少錢？」

教具：利用課本附錄的學習單，或採用店家廣告傳單。

1. 全班大致上分成 3 ～ 4 個小組，然後發給每一組店家的廣告傳單（學習單），讓學生自己決定商品的價錢並填在學習單上，其商品總和須超過 2000 日圓。

2. 老師選擇想買的東西並詢問其價錢「～はいくらですか。」請每一組輪流說出自己廣告傳單上的價錢。

3. 老師決定買其中最便宜的組別的東西。被選中的那一組在自己的學習單上寫上商品名稱。

4. 最後請各小組計算共售出多少金額，獲利最多者獲勝。

活動三：「買東西」

教具：使用課本的附錄圖卡，紙幣和硬幣的玩具鈔，商品的圖畫。
　　　並使用教師手冊附錄的學習單記錄。

1. 準備商品的圖畫，由種類來分類，設定每個商品的價錢。

和食：ラーメン・すし・かつ丼・うどん・そば

洋食：ハンバーガー・カレー・サンドイッチ・ポテト

飲料：コーラ・ミルクティー・抹茶^{まっちゃ}・アイスクリーム・
　　チョコレート

其他：マンガ・ゲーム・本^{ほん}

2. 挑選自願當店員的學生，其餘當顧客。

3. 設定每名顧客的預算為 1000 日圓，到每家店進行購物。

　例：（A：店員　B：客人）

　① 店員^{てんいん}：いらっしゃいませ。

　　お客^{きゃく}さん：これはいくらですか。

　　店員^{てんいん}：<ruby>３００<rt>さんびゃく</rt></ruby> 円^{えん}です。

　　お客^{きゃく}さん：これ、ください。

　　店員^{てんいん}：おつりは <ruby>７００<rt>ななひゃく</rt></ruby> 円^{えん}です。ありがとうございました。

　② 店員^{てんいん}：いらっしゃいませ。

　　お客^{きゃく}さん：これはいくらですか。

　　店員^{てんいん}：<ruby>９００<rt>きゅうひゃく</rt></ruby> 円^{えん}です。

　　お客^{きゃく}さん：うーん。やっぱりいいです。

　　店員^{てんいん}：ありがとうございました。

貼心小叮嚀：以百元為單位買東西。

「遊^{あそ}んでみよう」

活動一：「排數字比賽」

教具：數字卡（0～9）。

1. 每 10 人為一組，每個人拿著一張數字卡，在教室後面排成一列。

2. 老師公布三位數的數字，負責這些數字的學生要跑到教室前面，

按照老師說的數字排好。（例：56 → 拿 5 的學生和 6 的學生，130 → 拿 1 的學生和 3 的學生和 0 的學生。）

3. 最快完成的組得分，最後比較各組得分。

貼心小叮嚀：

1. 一組 10 個人以下的話，依人數調整每位學生負責的數字卡張數。

2. 老師不能說個位數和包括同數的數字（例：55）。

活動二：「跳格子」

1. 依班級人數分組，每一組人數相同，多出的同學當裁判。

2. 依組數（若有 3 組則畫 3 個圖）在地面上畫跳格子遊戲的格子，若教室空間不利使用，可移地到活動中心等寬敞處，格子內寫上 1 ～ 10 的數字或數字卡，並說明跳格子（けんけんぱ）遊戲的規則。

3. 每組輪流依格子的順序以單腳跳格子，每跳進一個格子，同時說出格子內的數字，再跳到下一個格子，循序前進，直到跳到盡頭為止，再跳回起點完成著地的同學，則得 1 分。未說出數字，或說錯數字的同學就出局，遭淘汰者排最後再重來。

4. 裁判由老師協調，每組需要一位，或每組第一位完成後，亦可協助當別組裁判。

5. 比賽哪一組最快完成，或是在固定時間內（例如 10 分鐘）得分最多者得勝。

貼心小叮嚀：

有時間可進行進階活動，如格子內不按順序，隨意改變不同數字，一樣跳格子，同時說出格子內的數字。

「ポートフォリオにいれよう」

自我評量

1. 我能說出正確的數字。
2. 我買東西時能詢問價錢，並說出價錢。
3. 我能積極參與各種學習活動。
4. 我能唸出課本上「語句」中的單字。
5. 我能寫出課本上「語句」中的單字。

何時ですか
なん　じ

「學習目標」

1. 能詢問並說出正確時間。
2. 能利用電話問對方時間。
3. 樂於參與各種課堂練習。

「對應二外課綱」

核心素養：

外 -J-A1 具備認真專注的特質及良好的學習習慣，嘗試運用基本的
　　　　學習策略，精進個人第二外國語文能力。

外 -J-B1 具備入門的聽、說、讀、寫第二外國語文能力。在引導下，
　　　　能運用所學字母、詞彙及句型進行簡易日常溝通。

外 -J-C2 積極參與課內及課外第二外國語文團體活動學習，培養團
　　　　隊合作精神。

學習表現：

2- Ⅳ -5 能說出簡單的數字。

3- Ⅳ -4 能看懂簡單的標示語。

3- Ⅳ -6 能看懂外文的課表。

6- Ⅳ -1 能專注聽取老師的說明與演示。

6- Ⅳ -2 樂於參與各種課堂練習。

8- Ⅳ -1 能將所學字詞做簡易歸類。

學習內容：

Af- Ⅳ -1 圖畫標示。

Af- Ⅳ -2 符號的輔助。

Bc- Ⅳ -1 課表。

Bc- Ⅳ -3 時間。

Bc- Ⅳ -5 數字運用。

「聞いてみよう」

① 台湾のホームステイ先で朝日本人が慌てている

A：台湾人　B：日本人

A：どうしたの。

B：もう 8 時だよ！遅刻する！

A：え？台湾はまだ 7 時だよ。

B：あ、そっか。

② みんなでバスケットボールをしている

A：日本人　B：台湾人

A：陳さん、今何時。

B：5 時だよ。

A：もう 5 時！帰らなきゃ。

③ 違う国にいる二人がインターネットで話している

A：台湾人　B：日本人

A：おはよう。

B：え？「おはよう」？そっちは何時？

A：朝の 8 時だよ。

B：こっちは夜の 8 時だよ。

A：じゃあ、「こんばんは」だね。

「語句と表現」

何時ですか？

台湾・日本・韓国・ドイツ・フランス・アメリカ・ニューヨーク・
カナダ・シンガポール・ベトナム・インドネシア・オーストラリア・
タイ・フィリピン・イギリス・半・7 時・9 時・午前・午後

「やってみよう」

活動一：「現在幾點」

教具：利用課本內時鐘上畫出時間。

1. 讓學生在 6 個空白時鐘上畫出時間點。（提醒學生只寫整點或半
   點的時刻，如：1 點、1 點半。）

2. 兩人一組互問紙上時間。例：

   A：何時ですか。

   B：1 時です。

3. 完畢之後再互換角色。

活動二：「完成電視節目表」

教具：利用教師手冊附錄的學習單 A 和 B。

1. 兩人一組，一位學生拿學習單 A，另一位拿學習單 B，不能看對方的學習單。

2. 手上的學習單裡，有些電視節目的時間是空白的，輪流問對方未知的時段，並填入學習單。

3. 最先完成節目表的組別勝出。例：

A：フランスの映画は何時ですか。

B：3時です。

「遊んでみよう」

活動一：「現在幾點鐘」

教具：利用各國國名字卡（或國旗圖）、時間字卡、有時差表顯示的世界地圖（課本上）。

1. 將全班分成幾個小組，約 4 ～ 6 人一組，並推派一位組長。

2. 由組長抽台灣的時間字卡，負責詢問組員時間。

3. 組員輪流抽出國名字卡，對照時差表後，並說出該國時間。

例：A：組長　B：拿著ニューヨーク卡片的組員　C：拿著ドイツ卡片的人

A：台湾は13時です。ニューヨークは何時ですか。

B：ニューヨークは2時です。

A：ドイツは何時ですか。

C：ドイツは10時です。

4. 最快完成的組別勝出。

貼心小叮嚀：

有時間可進行進階活動，如指定不同的台灣時間點，請學生回答另一個國家的時間。

活動二：「好友熱線」

教具：利用課本上有時差表顯示的世界地圖。

1. 將全班分組，每組約 14 人。

2. 於各組內，先設定每位學生代表不同國家。第一位國家代表的學生 A，打電話給另一國家代表學生 B，進行關於時間的對話。

3. 學生 A、B 通完電話後，學生 B 接著再打電話給學生 C，以此類推，直到每位學生都能輪流進行練習。例：A：位於台灣　B：位於美國紐約　C：位於日本

　　台灣的 A 同學：もしもし、台湾の A です。台湾は今、朝の 9 時です。ニューヨークの B さん、そちらは今何時ですか。

　　美國紐約的 B 同學：午後 8 時です。

　　美國紐約的 B 同學：もしもし、ニューヨークの B です。日本の C さん、そちらは今何時ですか。

　　日本的 C 同學：日本の C です。こちらは午前 10 時です。

貼心小叮嚀：

教師可以依同學學習狀況，減少國家數量為 5 到 7 國。

「ポートフォリオにいれよう」

自我評量

1. 我能詢問並說出正確的時間。
2. 我能利用電話問他人所在地的時間。
3. 我能用日語說出本課提到的國家名稱。
4. 我能積極參與各種學習活動。
5. 我能唸出課本上「語句」中的單字。
6. 我能寫出課本上「語句」中的單字。

Unit 8　どうですか

「學習目標」

1. 能簡單表達自己的感覺。
2. 樂於參與各種課堂練習。

「對應二外課綱」

核心素養：

外 -J-A1 具備認真專注的特質及良好的學習習慣，嘗試運用基本的
　　　　學習策略，精進個人第二外國語文能力。

外 -J-B1 具備入門的聽、說、讀、寫第二外國語文能力。在引導下，
　　　　能運用所學字母、詞彙及句型進行簡易日常溝通。

外 -J-C2 積極參與課內及課外第二外國語文團體活動學習，培養團
　　　　隊合作精神。

學習表現：

3- Ⅳ -4 能看懂簡單的標示語。

6- Ⅳ -1 能專注聽取老師的說明與演示。

6- Ⅳ -2 樂於參與各種課堂練習。

6- Ⅳ -3 樂於回答教師或同學提問的問題。

8- Ⅳ -1 能將所學字詞做簡易歸類。

學習內容：

Ac- Ⅳ -2 應用詞彙。

Ac-Ⅳ-3 認識詞彙。

Ad-Ⅳ-1 簡易常用的句型結構。

Bd-Ⅳ-5 數字運用。

「聞いてみよう」

① 夜市でＡがＢに豬血糕を食べさせている
　　A：台湾人　B：日本人

　　A：どう？おいしい？

　　B：うん、おいしい！

　　A：よかった！

② 洋服屋で日本人が試着している　　A：台湾人　B：日本人

　　A：どう？

　　B：うーん、ちょっと短いなあ。

　　A：そう？かわいいよ。

③ 道端で　A：日本人　B：台湾人

　　A：陳さん、あれ何ですか。

　　B：あ、あれですか。台北１０１です。

　　A：へぇー、高いですね。

④ 二人で雑誌を見ている　Ａ：台湾人　Ｂ：日本人

　Ａ：あー、これ、私が好きな松田純だ。

　Ｂ：えー、ザイザイのほうがかっこいいよ。

　Ａ：松田純はダンスがうまいよ。

　Ｂ：ザイザイは歌がうまいよ。

「語句と表現」

どうですか。

おいしい・うまい・きれい・すてき・すごい・大きい・小さい・
高い・低い・こわい・おもしろい・つまらない

「やってみよう」

活動一：「日本料理東西軍」

教具：紙、照片或影像。

1. 請同學尋找好吃的日本料理的圖片，上課前寄到指定的信箱或共
　 同使用的雲端。

2. 老師統整照片之後，上課時讓大家一起看照片。

3. 輪到自己選擇的圖片時，向同學發表食物名稱、多少錢，並用學
　 過的形容詞說出自己的感覺（貴或便宜等）。例：

　 かつ丼です。1000円です。おいしいです。

4. 每人 3 票舉手表決，票選出想吃吃看的前三名。

貼心小叮嚀：

1. 若學生不知道該料理的日文名稱，可用中文發表。但鼓勵學生查

出日文名稱，提供大家一起學習的機會。

2. 也可以就近尋找日本料理店的菜單發表。

「遊んでみよう」

活動一：「今日之最」

教具：紙、照片或影像。

1. 請學生於課前選定喜歡的偶像或動漫卡通人物，並於指定格式內製作「簡介小檔案」（請參照教師手冊附錄），然後於課堂上發表。

2. 教師事先決定 3 個形容詞，例：「かわいい」、「かっこいい」、「すてき」等。

3. 接著發給每位學生 3 張小紙，分別寫上教師決定的那 3 個形容詞，當票券使用。

4. 讓學生一一發表，聽完發表後，請學生分別在票券上寫上自己覺得今日最○○（形容詞）的發表者的名字，然後投入票箱。發表文如下。

私の好きな人はナルトです。

かっこいいです。

とてもおもしろいです。

5. 最後，票選各項中得票數最多者，便是「今日之最○○」。

活動二：「超級比一比」

教具：抽籤筒、A4 紙張數張、橡皮筋、計時器。

1. 先教今天的形容詞單字，可用字卡、圖卡作輔助教具。

2. 老師先將形容詞分別寫在紙上，把紙張捲成捲筒狀，用橡皮筋綁

好，放入抽籤筒內。

3. 將學生分成 2 組，並先推舉一位擔任主持人，主持活動。

4. 每組各推一位代表，猜拳決定比賽順序。

5. 由主持人抽出一張籤，只讓代表此次出賽的學生看，再由代表的同學以比手畫腳的方式，讓該組組員猜是哪一個形容詞。如果猜對，該組得分，再推出另一人進行比手畫腳活動。如果猜錯，則換另一組代表上場，依此類推。

6. 老師負責記錄 2 組同學的答對題數。在指定的時間內，積分多者獲勝。

「ポートフォリオにいれよう」

自我評量

1. 我能簡單表達自己的感覺。
2. 我能積極參與各種學習活動。
3. 我能唸出課本上「語句」中的單字。
4. 我能寫出課本上「語句」中的單字。

各課的會話

Unit 1　カナと発音

「聞いてみよう」

① 授業が始まるときのあいさつ

学級委員：起立、礼。

生徒：おはようございます。

先生：おはようございます。

学級委員：着席。

② 教室用語

1. 本を開けてください。

2. 本を見てください。

3. 聞いてください。

4. 言ってください。

5. 読んでください。

「語句と表現」

起立、礼。

着席。

おはようございます。

開けてください。

見てください。

聞いてください。

言ってください。

読んでください。

朝・昼・夜・犬・猫・鳥

Unit 2　あいさつ

「聞いてみよう」

① 朝、リビングで　A：子ども　B：母

A：お母さん、おはよう。

B：おはよう。

② 先生と生徒が校門で会う　A：生徒　B：校長先生

A：先生、おはようございます。

B：おはよう。

③ 家にお客さんが来た　A：お客さん　B：子ども

A：さくらちゃん、こんにちは。

B：こんにちは。

④ 夜、帰り道で　A：近所の人　B：子ども

A：よしこちゃん、こんばんは。

B：田中さん、こんばんは。

「語句と表現」

こんにちは。

おはよう。

こんばんは。

ありがとう。

すみません。

さようなら。

はい。

いいえ。

感謝・あやまり・別れ

Unit 3　自己紹介

「聞いてみよう」

① クラスで転校生があいさつをする

　　A：転校生　　B：クラスメートたち

　　A：鈴木さくらです。さくらと呼んでください。どうぞよろし
　　　　くお願いします。

　　B：（拍手）

② クラスメートの林さんが鈴木さんに話しかける

　　A：林（台湾人）　　B：鈴木

　　A：はじめまして、林です。よろしくね。

　　B：林さん、はじめまして。こちらこそよろしくね。

③ 交流会で　　A：台湾人　　B：日本人

　　A：はじめまして、陳です。あのー、お名前は。

　　B：佐藤です。

　　A：佐藤さんですね。どうぞよろしくお願いします。

　　B：どうぞよろしくお願いします。

④ 交流会で名前が聞き取れない場合　A：台湾人　B：日本人

A：黄です。はじめまして。

B：田中です。どうぞよろしく。

A：あのー、すみません。もう一度、お願いします。

B：た・な・かです。

A：田中さんですね。どうぞよろしくお願いします。

「語句と表現」

陳です。

どうぞよろしく。

お願いします。

初めまして。

さくらと呼んでください。

あのー。

お名前は。

「遊んでみよう」

活動一：「傳球自我介紹」

A：林です。どうぞよろしく。

B：陳です。どうぞよろしく。

Unit 4　食べ物

「聞いてみよう」

① CDを聞いて正しいイラストを選ぶ

　　ラーメンが好きです。寿司が好きです。コーラが好きです。ミルクティーが好きです。野菜が好きじゃないです。肉が好きじゃないです。

② 教室でAがBにチョコレートをあげる

　　A：台湾人　B：日本人

　　A：中村さん、チョコ好き？

　　B：うん、好き。

　　A：じゃあ、どうぞ。

　　B：ありがとう。

③ 交流会のドリンクコーナーの前で

　　A：日本人　B：台湾人

　　A：ねぇねぇ、何が好き？

　　B：抹茶。

　　A：私も抹茶が大好き。

　　B：おいしいよね。

④ 交流会の食べ物コーナーの前で

    A：日本人　B：台湾人

    A：あ、ポテトだー。俺、ポテト好き。

    B：俺も。

    A：うめーよ。

「語句と表現」

ラーメンが好きです。

すしが大好きです。

かつ丼が好きじゃないです。

まあまあ。

ラーメン・ハンバーガー・サンドイッチ・アイスクリーム・
チョコレート・コーラ・ミルクティー・カレー・パン・ポテト・
すし・かつ丼・うどん・そば・抹茶・りんご・野菜・肉

「やってみよう」

活動一：「我喜歡的食物」

A：何が好きですか。

B：うどんが好きです。

A：何が大好きですか？

B：そばが大好きです。

先生：ハンバーガーが好きな人、手を挙げてください。

活動三：「調查班上同學喜歡的食物與老師一不一樣」

A：Bさん、何<ruby>何<rt>なに</rt></ruby>が好<ruby><rt>す</rt></ruby>きですか。

B：<u>サンドイッチ</u>が好<ruby><rt>す</rt></ruby>きです。

A：Cさん、何<ruby><rt>なに</rt></ruby>が好<ruby><rt>す</rt></ruby>きですか。

C：<u>抹茶</u><ruby><rt>まっちゃ</rt></ruby>が好<ruby><rt>す</rt></ruby>きです。

全員<ruby><rt>ぜんいん</rt></ruby>：先生<ruby><rt>せんせい</rt></ruby>、何<ruby><rt>なに</rt></ruby>が好<ruby><rt>す</rt></ruby>きですか。

Unit 5　趣味

「聞いてみよう」

① CDを聞いて正しいイラストを選ぶ

　　ダンスが好きです。映画が好きです。アニメが好きです。水泳が好きです。バスケが好きです。カラオケが好きじゃないです。

② 自己紹介

　　こんにちは、林です。私の趣味は映画とスポーツです。映画はジブリの映画が好きです。スポーツはサッカーが好きです。日本語も好きです。どうぞよろしくお願いします。

③ 交流会でゲームについて話す　A：日本人　B：台湾人

A：日本のゲーム好き？

B：好き、好き。忍者のゲームが好き。

A：へぇー。僕は三国志のゲームが好きだよ。

B：忍者のほうがおもしろいよ。

④ 交流会でアニメについて話す　A：台湾人　B：日本人

A：さくらちゃん、アニメ好き？

B：うん、好き。水樹みみ（声優）の声が好き。

A：本当？私も好き。

「語句と表現」

アニメ・マンガ・ゲーム・インターネット・ダンス・ドラマ・

カラオケ・バスケ・イラスト・映画・歌・本・野球・水泳・

遊ぶこと

「やってみよう」

活動一：「找尋夥伴」

會話一

A：何が好きですか。

B：音楽が好きです。

A：そうですか。私も好きです。

會話二

B：Aさんは何が好きですか。

A：マンガが好きです。

B：アニメが好きですか。

A：いいえ。アニメはちょっと……。

Unit 6　いくらですか

「聞(き)いてみよう」

① CDを聞(き)いて正(ただ)しいイラストを選(えら)ぶ

かわいい。　高(たか)い。　わーい！　安(やす)い。　まあまあ。

かっこいい。

② 売店(ばいてん)で　A：お客(きゃく)さん　B：店員(てんいん)

A：すみません。これ、ください。

B：これですか。

A：いくらですか。

B：200円(にひゃく えん)です。

A：じゃあ。お願(ねが)いします。（お金(かね)を払(はら)う）

B：ありがとうございました。

③ 台湾(たいわん)の映画館(えいがかん)のチケット売(う)り場(ば)で　A：台湾人(たいわんじん)　B：日本人(にほんじん)

A：田中(たなか)さん、これ、チケットです。

B：いくらですか。

A：200元(にひゃく げん)ですよ。

B：200元(にひゃく げん)！安(やす)い！

A：日本はいくらですか。

B：１３００円です。

④ 朝ご飯屋の前で　A：日本人　B：台湾人

A：張さん、あれ何？

B：ハンバーガーですよ。

A：いくらですか。

B：５０元です。

A：おいしそう。食べたいなあ。

「語句と表現」

これはいくらですか。

数字・1・2・3・4/4/4・5・6・7/7・8・9/9・10・

100・1000・10000・円・元・無料・パイナップルケーキ・

高い・安い・かわいい・かっこいい

「やってみよう」

活動一：「介紹台灣的商品」

私はパイナップルケーキが好きです。台湾元で ４０元です。

日本円で １５０円です。

活動三：「買東西」

店員(てんいん)：いらっしゃいませ。

お客(きゃく)さん：これはいくらですか。

店員(てんいん)：３００円(さんびゃくえん)です。

お客(きゃく)さん：これ、ください。

店員(てんいん)：おつりは ７００円(ななひゃくえん)です。ありがとうございました。

店員(てんいん)：いらっしゃいませ。

お客(きゃく)さん：これはいくらですか。

店員(てんいん)：９００円(きゅうひゃくえん)です。

お客(きゃく)さん：うーん。やっぱりいいです。

店員(てんいん)：ありがとうございました。

Unit 7　何時<ruby>何<rt>なん</rt></ruby><ruby>時<rt>じ</rt></ruby>ですか

「<ruby>聞<rt>き</rt></ruby>いてみよう」

① 台湾のホームステイ先で朝日本人が慌てている

A：台湾人　B：日本人

A：どうしたの。

B：もう 8 時だよ！遅刻する！

A：え？台湾はまだ 7 時だよ。

B：あ、そっか。

② みんなでバスケットボールをしている

A：日本人　B：台湾人

A：陳さん、今何時。

B：5 時だよ。

A：もう 5 時！帰らなきゃ。

③ 違う国にいる二人がインターネットで話している

A：台湾人　　B：日本人

A：おはよう。

B：え？「おはよう」？そっちは何時？

A：朝の 8 時だよ。

B：こっちは夜の 8 時だよ。

A：じゃあ、「こんばんは」だね。

「語句と表現」

何時ですか？

台湾・日本・韓国・ドイツ・フランス・アメリカ・ニューヨーク・
カナダ・シンガポール・ベトナム・インドネシア・オーストラリア・
タイ・フィリピン・イギリス・半・7 時・9 時・午前・午後

「やってみよう」

活動一：「現在幾點」

A：何時ですか。

B：1 時です。

活動二：「完成電視節目表」

A：フランスの映画は何時ですか。

B：3 時です。

「遊んでみよう」

活動一：「現在幾點鐘」

A：台湾は 13 時です。ニューヨークは何時ですか。

B：ニューヨークは 2 時です。

A：ドイツは何時ですか。

C：ドイツは 10 時です。

活動二：「好友熱線」

　　　台灣的 A 同學：もしもし、台湾の A です。台湾は今、朝の 9 時です。ニューヨークの B さん、そちらは今何時ですか。

美國紐約的 B 同學：午後 8 時です。

美國紐約的 B 同學：もしもし、ニューヨークの B です。日本の C さん、そちらは今何時ですか。

　　日本的 C 同學：日本の C です。こちらは午前 10 時です。

Unit 8　どうですか

「聞^きいてみよう」

① 夜市^{よ いち}でＡがＢに豬血糕^{チューシュエガオ}を食^たべさせている

　　Ａ：台湾人^{たいわんじん}　Ｂ：日本人^{に ほんじん}

　　Ａ：どう？おいしい？

　　Ｂ：うん、おいしい！

　　Ａ：よかった！

② 洋服屋^{ようふく や}で日本人^{に ほんじん}が試着^{し ちゃく}している　　Ａ：台湾人^{たいわんじん}　Ｂ：日本人^{に ほんじん}

　　Ａ：どう？

　　Ｂ：うーん、ちょっと短^{みじか}いなあ。

　　Ａ：そう？かわいいよ。

③ 道端^{みちばた}で　Ａ：日本人^{に ほんじん}　Ｂ：台湾人^{たいわんじん}

　　Ａ：陳^{ちん}さん、あれ何^{なん}ですか。

　　Ｂ：あ、あれですか。台北^{タイペイ}１０１^{いちまるいち}です。

　　Ａ：へぇー、高^{たか}いですね。

④ 二人で雑誌を見ている　A：台湾人　B：日本人

A：あー、これ、私が好きな松田純だ。

B：えー、ザイザイのほうがかっこいいよ。

A：松田純はダンスがうまいよ。

B：ザイザイは歌がうまいよ。

「語句と表現」

どうですか。

おいしい・うまい・きれい・すてき・すごい・大きい・小さい・
高い・低い・こわい・おもしろい・つまらない

「やってみよう」

活動一：「日本料理東西軍」

かつ丼です。1000円です。おいしいです。

「遊んでみよう」

活動一：「今日之最」

私の好きな人はナルトです。

かっこいいです。

とてもおもしろいです。

附錄

1. 學習單：Unit 6「やってみよう」

   活動三：「買東西」

2. 學習單：Unit 7「やってみよう」

   活動二：「完成電視節目表」

Unit 6 「やってみよう」

活動三：「買東西」

和食（わしょく）

_____

_____

洋食（ようしょく）

_____

_____

飲み物（のみもの）

_____

_____

その他（た）

_____

_____

Unit 7　「やってみよう」

活動二：「完成電視節目表」

學習單 A

	1ch		2ch		3ch
12:00	NEWS こんにちは			12:00	SPORTS NEWS
2:00	天気予報（てんきよほう）・NEWS		韓国（かんこく）ドラマ 第7話 第8話		水泳（すいえい）
3:00	天気予報（てんきよほう）	3:00	フランス映画（えいが）		
	MOVIE TIME 日本の映画（にほんのえいが）		TV Shopping	3:30	バスケットボール
6:00	天気予報（てんきよほう）・NEWS	6:00	アメリカのドラマ	6:00	SPORTS NEWS
		7:00	アニメ		野球（やきゅう） 日本 vs 台湾（にほん たいわん）
8:00	日本のドラマ（にほん）	8:00	イギリスのドラマ		
9:00	NEWS 21		アメリカ映画（えいが）	9:00	SPORTS NEWS NINE

活動二：「完成電視節目表」

學習單 B

	1ch		2ch		3ch
	NEWS こんにちは			12:00	SPORTS NEWS
2:00	天気予報（てんきよほう）・ NEWS	1:00	韓国（かんこく）ドラマ 第 7 話 第 8 話	2:00	水泳（すいえい）
3:00	天気予報（てんきよほう）		フランス映画（えいが）		バスケットボール
3:30	MOVIE TIME 日本（にほん）の映画（えいが）	5:30	TV Shopping		
6:00	天気予報（てんきよほう）・ NEWS	6:00	アメリカのドラマ	6:00	SPORTS NEWS
			アニメ	6:30	野球（やきゅう） 日本（にほん） vs 台湾（たいわん）
8:00	日本（にほん）のドラマ		イギリスのドラマ		
	NEWS 21	9:00	アメリカ映画（えいが）	9:00	SPORTS NEWS NINE

國家圖書館出版品預行編目資料

こんにちは 你好 ① 教師手冊 / 陳淑娟著

-- 初版 -- 臺北市：瑞蘭國際，2018.08

80面；19×26公分 -- (日語學習系列；36)

ISBN：978-986-96580-7-2 (第1冊：平裝)

1.日語 2.教材 3.中小學教育

523.318   107012725

日語學習系列 36

こんにちは 你好 ① 教師手冊

作者｜陳淑娟

編撰小組｜周欣佳、廖育卿、黃馨瑤、內田さくら、芝田沙代子、彥坂はるの

責任編輯｜葉仲芸、楊嘉怡

校對｜陳淑娟、廖育卿、彥坂はるの、葉仲芸、楊嘉怡

日語錄音｜後藤晃、彥坂はるの、芝田沙代子

錄音室｜采漾錄音製作有限公司

封面設計｜陳盈、余佳憓・版型設計、內文排版｜陳如琪

美術插畫｜吳晨華

董事長｜張暖彗・社長兼總編輯｜王愿琦

編輯部

副總編輯｜葉仲芸・副主編｜潘治婷・文字編輯｜林珊玉、鄧元婷

特約文字編輯｜楊嘉怡

設計部主任｜余佳憓・美術編輯｜陳如琪

業務部

副理｜楊米琪・組長｜林湲洵・專員｜張毓庭

法律顧問｜海灣國際法律事務所　呂錦峯律師

出版社｜瑞蘭國際有限公司・地址｜台北市大安區安和路一段104號7樓之1

電話｜(02)2700-4625・傳真｜(02)2700-4622・訂購專線｜(02)2700-4625

劃撥帳號｜19914152 瑞蘭國際有限公司・瑞蘭國際網路書城｜www.genki-japan.com.tw

總經銷｜聯合發行股份有限公司・電話｜(02)2917-8022、2917-8042

傳真｜(02)2915-6275、2915-7212・印刷｜科億印刷股份有限公司

出版日期｜2018年08月初版1刷・定價｜180元・ISBN｜978-986-96580-7-2

PRINTED WITH SOY INK 本書採用環保大豆油墨印製